Simples verdades

Kent Nerburn

Simples verdades

Um guia amoroso sobre os grandes temas da vida

SEXTANTE

Título original: *Simple Truths*

Publicado originalmente em inglês em 1996 pela New World Library, Califórnia, EUA.

Grande parte do conteúdo deste livro foi extraída de *Letters to My Son*, copyright © 1993 por Kent Nerburn.

tradução: Heloísa Martins Costa

preparo de originais: Débora Chaves

revisão: José Tedin, Sérgio Bellinello Soares e Tereza da Rocha

projeto gráfico, diagramação e capa: Miriam Lerner

pré-impressão: ô de casa

impressão e acabamento: Geográfica e Editora Ltda.

CIP-BRASIL. CATALOGAÇÃO-NA-FONTE
SINDICATO NACIONAL DOS EDITORES DE LIVROS, RJ

K44s Nerburn, Kent
Simples verdades / Kent Nerburn; tradução de Heloísa Martins Costa. – Rio de Janeiro: Sextante, 2007.

Tradução de: Simple truths.
ISBN 978-85-7542-320-2

1. Espiritualidade. 2. Conduta. 3. Sabedoria – Citações, máximas, etc. I. Costa, Heloísa Martins. II. Título.

CDD: 291.4
07-2273 CDU: 291.4

Rua Voluntários da Pátria, 45 – Gr. 1.404 – Botafogo
22270-000 – Rio de Janeiro – RJ
Tel.: (21) 2286-9944 – Fax: (21) 2286-9244
E-mail: atendimento@esextante.com.br
www.sextante.com.br

Em memória do meu pai, Lloyd Nerburn,
que viveu uma vida de verdades simples.

SUMÁRIO

“A vida é uma eterna experiência criativa e nós nos inventamos a cada momento de acordo com as decisões que tomamos.”

Introdução

O mundo está cheio de lições de moral e lugares-comuns. Por isso, jamais desejei contribuir para essa longa lista de obviedades.

Entretanto, ao chegar à meia-idade, tudo mudou. Fui surpreendido pelo nascimento de um filho. Vi diante de mim uma pessoa que deveria encontrar o seu caminho em meio ao emaranhado da vida, utilizando a luz que conseguisse obter. E percebi que fui, e sou, responsável por guiá-la.

Ao olhar ao redor, fiquei preocupado. Vivemos às voltas com recriminações, pontos de vista e opiniões contraditórios. Nossos sonhos mais brilhantes e nossos maiores medos estão logo ali à nossa espera. Mas é difícil encontrar vozes claras e sensatas que nos apontem a melhor direção.

Se puder oferecer algo de valor, eis a minha proposta: uma visão da vida que, embora reconheça a nossa condição humana, mantenha a esperança no nosso potencial; uma voz que fale com compaixão e empatia sobre o mundo em que vivemos e uma base comum para observar a vasta e confusa paisagem que se estende à nossa frente.

Vivemos em uma época em que é difícil falar com o coração. A poesia que vem da nossa alma é silenciada pelos pensamentos e pelas preocupações com coisas triviais.

Este livro é a minha tentativa de falar de maneira amorosa e afetiva sobre algumas das grandes questões da vida.

Eu o ofereço a você, como pai e como amigo.

Kent Nerburn

Educação e aprendizagem

A EDUCAÇÃO É UMA DAS MAIORES ALEGRIAS e confortos da vida. Ela nos oferece a estrutura para entender o mundo ao nosso redor e um meio de viajar no tempo e no espaço e tocar os pensamentos e os sentimentos das outras pessoas.

Mas educar-se é mais do que simplesmente ir à escola. É uma disposição mental, uma vontade de olhar o mundo com um permanente senso de curiosidade e admiração.

Para se tornar uma pessoa realmente instruída, você precisa adotar esse modo de pensar. Você tem de ser receptivo à riqueza das suas experiências diárias – suas emoções, a grandeza do universo, a linguagem dos pássaros, as privações e os sucessos das pessoas em outras terras e em outras épocas, o dom artístico de um mecânico, de um datilógrafo e até mesmo de uma criança. Não há limites para o aprendizado.

O DILEMA A RESPEITO DO MELHOR MÉTODO de promover a educação sempre oscilou entre a liberdade para observar e a transmissão estruturada do conhecimento.

Há quem acredite que aprendemos com mais facilidade quando nos aventuramos por universos desconhecidos, aproveitando as lições que a vida proporciona.

Outros acham que assimilamos melhor os ensinamentos quando temos acesso ao conhecimento mais abrangente possível a respeito de um assunto e depois somos solicitados a colocar rapidamente em prática as informações recém-adquiridas.

Ambas as maneiras já foram testadas de todas as formas possíveis. Se você se sentir tentado a escolher um dos métodos, lembre-se do aviso do sábio chinês Confúcio a seus discípulos: "Estude sem raciocinar e você se tornará um cego; pense sem estudar e correrá sérios riscos."

O APRENDIZADO FORMAL NÃO DEVE SER subestimado. A escola, quando de boa qualidade, oferece o conhecimento e o contexto necessários para que as crianças entendam o mundo à sua volta. Ela apresenta idéias que jamais descobriríamos sozinhos e nos faz entrar em sintonia com o pensamento de outras pessoas e com culturas que jamais conheceríamos por conta própria. E ainda nos ajuda a dar forma e direção ao fluxo contínuo de experiências que vivenciamos.

Por outro lado, a educação é uma grande frustração porque, em geral, parece irrelevante para as nossas crenças, interesses e paixões.

SE VOCÊ SE SENTIR OPRIMIDO PELA EDUCAÇÃO formal, não ceda ao impulso de abandonar tudo. Essa é uma reação normal – uma espécie de apelo da sua consciência, clamando por mais pesquisa e estudo.

Lembre-se de que outras pessoas trilharam os mesmos caminhos. E, embora os verdadeiros aprendizes sintam necessidade de seguir uma trilha pessoal, a educação formal tem sido cultivada por povos e culturas ao longo dos tempos. Ela possui uma genialidade maior que a sua paixão. Se abandoná-la, você estará fazendo isso por sua conta e risco.

Ainda assim, o aprendizado formal não educará seu espírito nem o tornará pleno. Juntamente com o conhecimento, você deve buscar a sabedoria. Ninguém será pleno sem essas duas dimensões do aprendizado. O conhecimento é múltiplo; a sabedoria, singular. O conhecimento está nas palavras; a sabedoria, no silêncio.

Há várias fontes de sabedoria: as viagens, os mestres e os serviços. Pode-se também olhar nos olhos das crianças, dos idosos, dos amantes e das pessoas desconhecidas. Ou, ainda, sentar em silêncio ou se deixar levar pelo turbilhão da vida.

A vida lhe dará sabedoria de formas que você talvez não consiga entender nem escolher. Só depende de você estar ou não aberto às diferentes fontes disponíveis.

Por isso, não deprecie as lições de quem quer que seja. As pessoas que não possuem uma educação formal completa podem dominar um assunto profundamente ou descobrir algo especial, e depende de você estar receptivo ao que elas têm a ensinar.

Aqueles que se dedicaram à vida acadêmica podem ter chegado mais longe do que você jamais imaginaria e talvez possam lhe mostrar uma vista de tirar o fôlego, mas, para conseguir isso, você terá de vencer o tédio e o cansaço provocados pelo rigor da busca.

Lembre-se das sábias palavras do músico a quem perguntaram o que era mais importante – o conhecimento ou a sabedoria. “Sem conhecimento, não é possível tocar violino. Sem sabedoria, não é possível fazer música”, ele respondeu.

RELACIONE-SE COM QUEM LEVA A VIDA COM paixão – a verdadeira sabedoria surgirá. Qualquer que seja o caminho escolhido, humilde ou sublime, não se envergonhe do seu conhecimento. Em algum momento você vai saber mais a respeito de alguma coisa do que os outros.

A verdadeira medida da sua educação não é o que você sabe, mas como você compartilha o seu conhecimento com os outros.

Trabalho

ESCOLHA CUIDADOSAMENTE SEU TRABALHO. Talvez você acredite que não passa de uma maneira de ganhar dinheiro, mas o que você faz para viver diz muito a seu respeito, pois é aí que você investe seu tempo.

Somos o que fazemos. E, quanto mais nos empenhamos, mais nos tornamos o que fazemos.

Ao dedicar seu tempo a um emprego, você está lhe oferecendo a sua consciência. Eventualmente ele preencherá sua vida com a realidade que representa.

O segredo é olhar além da atração superficial de uma atividade ou de uma profissão específica. Analise o nível de dedicação que exigirá e verifique se é assim que você quer passar o seu tempo. Se a resposta for não, a tarefa em questão se tornará uma prisão em vez de ser o veículo dos seus sonhos. E uma pessoa sem sonhos só vive meia vida.

É PRECISO ENXERGAR O TRABALHO COMO *vocação*, do latim *vocationis*, que, por sua vez, deriva da palavra que significa *voz*. Nada mais representativo daquilo que o trabalho deveria ser – algo que dá voz a quem você é e ao que você quer dizer ao mundo.

Se você encontrar a sua vocação, não a deixe escapar. É a maneira mais eficiente de contribuir para o mundo com amor.

Descobrir o que se gosta de fazer nem sempre é fácil. Ninguém consegue saber o que deseja apenas pensando a respeito. É preciso experimentar, deixar que o trabalho se torne você e você se torne ele. E só então decidir se aceita inteiramente sua vocação ou se a abandona.

Não há por que se apegar a um emprego que não se adapte a seu estilo. É mais produtivo experimentar outras carreiras no decorrer da sua vida, pois nenhuma justificativa – nem mesmo a preocupação com a segurança – vale o sofrimento de viver preso a uma rotina que impede os seus sonhos.

TIVE UM PROFESSOR QUE SONHAVA SER concertista. O medo do fracasso fez com que ele optasse pela segurança das salas de aula. Um dia, quando eu lhe falava sobre a minha insatisfação com a faculdade, ele foi até o piano, tocou um lindo glissando e, de repente, parou. "Faça o que o seu coração mandar", ele disse. "Eu sempre sonhei ser músico; agora, todos os dias eu me pergunto se eu seria bom."

Escolha uma vocação, não um trabalho. Descubra o que o emociona. Só assim a sua vida terá significado e os seus dias serão de paz.

Dinheiro

O DINHEIRO CONTROLA A NOSSA VIDA. Podemos nos rebelar, afirmar que somos indiferentes a ele ou que estamos acima dele. Podemos fazer a ginástica moral e intelectual que quisermos, mas, no fim das contas, o dinheiro é o foco das nossas preocupações. No entanto, o dinheiro não é assim tão essencial, pois não tem nada a ver com os valores duradouros que fazem com que a vida valha a pena ser vivida.

E esse é exatamente um dos nossos grandes dilemas. Como nos reconciliar com algo que, embora não seja fundamental, ocupa o centro da nossa existência?

Conheço pessoas muito ricas que não abrem mão de um centavo sequer, com medo de, no futuro, empobrecer. E conheço também pessoas pobres que agem como se tivessem o suficiente para dividir com os outros.

Existem ricos bondosos e pobres criminosos, pessoas desonestas e outras virtuosas. Todas, no entanto, têm algo em comum: sua maneira de lidar com o dinheiro é o resultado do que pensam a respeito dele, não do tamanho de sua riqueza.

O DINHEIRO, EM SEU NÍVEL MAIS BÁSICO, é uma coisa concreta – algo que você possui ou não. Já no nível emocional ou psicológico, é pura ficção – ele se transforma naquilo que você permite.

Imagine duas pessoas bem diferentes. Uma constrói a vida em torno dos seus desejos, age como se possuísse um sistema contábil interno que projeta a quantidade de dinheiro para satisfazer suas vontades e fica insegura se não tem a quantia necessária.

Esse tipo de pessoa pode ter uma vida confortável, mas, se suas fantasias forem milionárias e ela não possuir uma conta bancária à altura, irá se considerar pobre.

Já quem trata o dinheiro de forma utilitária se satisfaz quando tem um real a mais do que necessita. Se tiver 10 reais sobrando, essa pessoa se sente privilegiada e muito bem de vida.

A diferença entre essas pessoas não está no tamanho da riqueza de cada uma, mas em sua relação psicológica com o dinheiro. A conta bancária de ambas pode ser igual, mas quem compara o dinheiro que possui com seus desejos jamais será feliz, porque sempre haverá outro desejo na fila, à espera. Já quem pensa no dinheiro como um meio de suprir suas necessidades tem mais chance de ser feliz – desde que entenda o que realmente é fundamental.

É CLARO QUE CERTAS EXIGÊNCIAS PRECISAM ser satisfeitas. Ninguém consegue superar a terrível opressão de não ter o suficiente para alimentar ou vestir sua família.

Quando estamos abaixo da linha da pobreza, o dinheiro torna-se o elemento central da vida – ficamos obcecados em atender às necessidades básicas de sobrevivência e, rapidamente, nosso coração se enche de desespero e raiva.

Nesses momentos é preciso superar a revolta para comunicar a esperança. Somente entrando em contato com seu eu interior você conseguirá resgatar o senso de valor e a esperança de que pode e vai conseguir melhorar.

O mundo está cheio de pessoas angustiadas. Mesmo quem quer ajudar só pode fazê-lo até certo ponto e de acordo com as circunstâncias. Ao ver um homem faminto, nossa reação natural é querer alimentá-lo. Ao nos depararmos com uma pessoa agressiva, tentaremos evitá-la. E, diante de alguém que parece ter um futuro promissor, a tendência é nos esforçarmos para que seu potencial se realize. Resumindo: mostre seu potencial, e não sua raiva ou aflição. Isso o ajudará a se livrar mais facilmente das garras da pobreza.

QUANDO SE TRATA DE DERROTAR O DESESPERO da falta de dinheiro, seu único amigo de verdade é o trabalho. Só ele reconstrói o senso de valor corroído pela frustração. Mesmo que seja trivial, ter uma ocupação fornece uma estrutura de crescimento e um ponto de apoio enquanto tentamos alcançar algo maior.

Se o peso da escassez for além do que você pode agüentar, não corra atrás de dinheiro, mas de uma ocupação. O dinheiro é conseqüência – só a atividade produtiva regular pode fazer o dinheiro voltar a fluir e, dessa forma, tornar-se uma ferramenta de apoio para uma vida significativa.

A RIQUEZA PODE TIRANIZAR TANTO UMA pessoa rica quanto uma pobre. Mesmo que você não tenha o menor interesse material – em geral, as pessoas querem ter o suficiente para não precisar se preocupar com o assunto –, em algum momento o dinheiro se torna uma abstração regida por leis igualmente abstratas. O dinheiro acumula juros, você precisa decidir como vai investir o que tem para obter uma boa rentabilidade e depois pagar uma série de impostos de acordo com o que ele rende – enfim, o dinheiro vira um bem com vida própria.

É preciso cuidar do dinheiro com atenção, e isso logo vira um foco de preocupação, embora você achasse que o dinheiro traria a liberdade.

NÃO HÁ UMA REGRA SOBRE COMO LIDAR COM o dinheiro, apenas diretrizes básicas.

A primeira delas é a seguinte: é importante saber viver tanto com pouco dinheiro quanto com muito. O bem-estar financeiro nada mais é do que o equilíbrio de várias circunstâncias.

Se você tiver pouco dinheiro mas souber viver com dignidade e elegância, nada perturbará a sua paz de espírito, a não ser um desastre financeiro de grandes proporções.

Saber se virar com pouco significa desenvolver um radar afiado para detectar a diferença entre o que é essencial e o que é desejável. Significa ter controle sobre a sua vida, sentir prazer com as pequenas coisas, não se fixar no que gostaria de ter e sim no que já possui e, acima de tudo, viver com estilo e criatividade. Tudo isso sem deixar que o dinheiro conduza suas decisões.

A partir do momento em que você aceita a realidade de sua condição econômica, fica mais forte e lúcido e também mais auto-suficiente.

Uma segunda orientação importante: não faça dívidas. O grande inimigo da tranqüilidade financeira e da paz de espírito não é a pobreza. É a dívida.

Há forças poderosas no mundo de hoje que querem nos convencer dos grandes benefícios de viver endividado. Elas tentam vender a idéia de que pedir dinheiro emprestado estabelece uma relação de legitimidade com os credores. E que é possível desfrutar os prazeres de amanhã ao preço de hoje.

Seus argumentos e incentivos podem até ser convincentes e sedutores, dando uma nova roupagem às dívidas, chamando-as de crédito, mas, no fim, tudo se resume a uma única coisa: você estará hipotecando o seu futuro em nome do presente, e isso é algo que não se deve fazer.

É curioso, mas as dívidas podem nos ajudar a ganhar dinheiro, na medida em que nos dão fôlego financeiro para investir quando uma oportunidade se apresenta. Elas adiam os problemas, apostando em um momento mais propício.

Mas as dívidas também definem seu futuro, e quando ele está definido a esperança começa a morrer – é como se você tivesse dedicado sua vida a ganhar dinheiro para pagar pelo passado.

Nada é mais triste do que uma pessoa promissora e cheia de sonhos que perdeu o entusiasmo e que passa os dias empurrando o pesado fardo das dívidas em direção a um futuro incerto.

Uma terceira orientação: o dinheiro tende a se afastar de quem mira na acumulação e a se aproximar de quem o compartilha.

Se você faz parte do primeiro grupo, saiba que seu coração é como um cofre fechado. Nada pode entrar, nada consegue sair. Se, ao contrário, você é do tipo que gosta de dividir, a tendência é estimular o mesmo comportamento nos outros. Com isso, o dinheiro se movimenta livremente.

O dinheiro é como qualquer linguagem por meio da qual as pessoas se comunicam. Quem fala a mesma língua acaba criando uma identificação mútua. Se para você dinheiro é sinônimo de proteção e acumulação, encontrará outros que pensam da mesma maneira – e o único valor em comum será a desconfiança.

O inverso também é verdadeiro. Se você fala a linguagem do compartilhamento, acabará se relacionando com pessoas que querem dividir, e o seu mundo será pleno de possibilidades.

Um último lembrete: assim como o dinheiro vai, ele volta. Não deixe que o medo de perder tudo o imobilize.

Com freqüência, penso num senhor que é meu vizinho. Ele vive com dificuldades financeiras e constrói casinhas de cachorro para complementar seu orçamento. O problema é que vivemos numa região muito pobre e ele insiste em cobrar um preço superior ao que as pessoas podem pagar.

Certa vez, precisei de um canil e fui procurá-lo. Eu estava com pouco dinheiro trocado na carteira e faltavam cinco dólares para o valor que ele pediu. "O preço é esse e não vou abaixar", disse, batendo a porta.

Não por acaso seu quintal está sempre cheio de casinhas de cachorro. Sua casa está caindo aos pedaços e a sua vida é de extrema pobreza; ainda assim ele não aceita abaixar os preços. Enquanto ele não entender que às vezes é preciso perder para ganhar, sua vida não vai mudar.

Aprenda com essa história. Para se libertar de seu passado, pode ser que você tenha que abrir mão de alguma coisa, mas é um sacrifício que vale a pena, pois seu universo se expandirá. Se insistir e mantiver o apego material, ficará refém do cativeiro que você mesmo construiu.

NÃO SE ESQUEÇA DESTA VERDADE FUNDAMENTAL: o dinheiro não passa de uma abstração de troca.

O espírito que anima essa permuta é que dá sentido à riqueza. As almas generosas, sejam elas ricas ou pobres, usam o dinheiro para iluminar o mundo. Os grandes acumuladores, sejam eles ricos ou pobres, preferem usá-lo para impedir a comunicação entre as pessoas.

Seja generoso e compartilhe. De um modo inesperado e imprevisível, tudo o mais se resolverá.

Bens

A MAIORIA DE NOSSOS BENS ENTRA EM NOSSAS vidas de maneira aleatória. Gradualmente, como a neve que cai, eles se acumulam à nossa volta até formarem a base da nossa identidade.

A maior parte das coisas que adquirimos ao longo da vida tem como objetivo aumentar nossa felicidade e senso de plenitude, mas esse diferencial acaba submergindo na mediocridade cotidiana.

Um dia, acordamos e nos vemos rodeados por bens materiais que nada significam para nós. A sensação que temos é a de que a liberdade e a leveza desapareceram. Em seu lugar surge o senso de responsabilidade e de propriedade. E viramos curadores da nossa confusa realidade.

O QUE ACONTECEU?

Sem perceber, nos deixamos seduzir pela emoção da caçada e esquecemos que a busca da riqueza não passa disso mesmo – de uma busca. E acabamos acreditando que nossa felicidade será aumentada de acordo com o próximo bem adquirido.

É bom lembrar que, em geral, os bens materiais são como borboletas que se transformam em lagartas. Nós os perseguimos com energia e animação, pois os enxergamos como se fossem a liberdade, a felicidade. Acreditamos que eles têm o poder de mudar nossa vida, mas basta conquistá-los para perceber que essa alegria é fugaz – logo um sentimento de vazio toma conta de nós e a excitação começa a esfriar.

Renunciar à riqueza não nos torna mais inteligentes ou sábios. A não ser que queiramos nos dedicar a algum ideal ascético, tal atitude só nos deixará obcecados pela própria pobreza. E o egocêntrico – seja ele rico ou pobre – não faz qualquer bem a si mesmo ou aos outros.

É necessário encontrar o meio-termo. Algo que nos libere do peso da busca da riqueza, mas não negue seus benefícios.

Os bens não possuem valor intrínseco. Eles se transformam naquilo que queremos. Se aumentam nossa capacidade de compartilhar, automaticamente tornam-se algo positivo. Mas, se só nos fazem olhar para o próprio umbigo e passam a ser usados como padrão para julgar os outros, tornam-se um fator negativo.

Quando estamos determinados a comprar alguma coisa, devemos nos perguntar se isso nos fará pessoas melhores, mais dispostas a dividir e mais capazes de fazer o bem no dia-a-dia.

Os bens que aumentam a nossa auto-estima são vazios quando comparados aos que nos ajudam a contribuir com algo de valor para o mundo.

TENHA EM MENTE QUE A RIQUEZA PODE TRAZER tanto felicidade quanto tristeza, porque ela define os limites da sua vida e impede que você tenha liberdade de escolha. Na verdade, os bens são camaleões que, de uma hora para outra, passam de fantasia a responsabilidade.

Se for a emoção da busca o que você procura, embarque nela e valorize a alegria que isso lhe dá. Mas não confunda a busca com o objeto dos seus desejos.

Quando acumular muitos bens, faça o que for necessário para se libertar de sua falsa importância. Dê o que você não usa. Embarque em uma longa viagem com pouca bagagem. Doe algo que é muito valioso para você, mas que será ainda mais valorizado por quem receber. Faça algo que não o deixe esquecer que os bens materiais não passam de insignificantes futilidades.

Acredite na sabedoria que diz que, quando se tem menos, se dá mais valor ao que se possui. E que o ato de compartilhar promove um sentido mais profundo da vida do que o mero acúmulo de bens.

Compartilhar

COMPARTILHAR É UM MILAGRE QUE PODE transformar o mais pesado dos corações. O simples ato de repartir tem o poder de reunir mesmo aqueles que vivem separados por seus próprios interesses. O mundo se amplia, um momento de bondade é criado e, onde antes não havia nada, surge algo novo.

Com freqüência não percebemos esse milagre cotidiano. Construímos nossa vida em torno do objetivo de acumular dinheiro, bens e status como uma forma de nos proteger dos caprichos do mundo. Sem perceber, passamos a enxergar o ato de dar por uma ótica materialista – como uma subtração do que temos e somos – e o colocamos na balança do interesse pessoal.

Por sorte, compartilhar não é nada disso. Trata-se de um ato gerador que multiplica o efeito que causamos no mundo.

PARA MUITAS PESSOAS, SÓ OS GRANDES gestos importam. Elas não valorizam as pequenas manifestações de carinho que podem se dar em qualquer lugar e com quase todo mundo.

Nem investem em atos corriqueiros como dizer "olá" a um desconhecido, oferecer ajuda a um vizinho, comprar um buquê de flores e levá-lo a um asilo de idosos ou mesmo tirar uma quantia do bolso e dar a alguém na rua, sem exaltações piedosas de generosidade – nesse caso, simplesmente ofereça o dinheiro, sorria e vá embora.

Se você praticar essas simples ações, aos poucos entenderá o milagre da doação, a pureza do coração humano e o sorriso de felicidade no rosto das pessoas. Nesse processo, começará a perceber o que temos em comum, e não o que nos separa e diferencia dos outros.

O PRÓXIMO PASSO É DESCOBRIR QUE OS pequenos gestos de gentileza e compaixão são capazes de proporcionar momentos de alegria e de felicidade. Compartilhar seus melhores sentimentos desperta a bondade no coração dos outros.

Além disso, você passa a identificar quem age da mesma forma. Não importa se essas pessoas falam a sua língua ou sabem seu nome, o que vale é que você reconhecerá os pequenos gestos delas, assim como elas reconhecerão os seus. Assim, você passa a integrar aquela parcela da humanidade que confia, divide e ousa revelar a ternura do seu coração.

Uma vez que você aprenda a compartilhar, nunca mais ficará sozinho.

VIAJAR

O DESEJO DE VIAJAR, A SEDE DE AVENTURA, A vontade de conhecer o que se esconde do outro lado da montanha são como ecos na mente que falam de sons jamais ouvidos e locais nunca vistos.

Você precisa escutar esses ecos e se arriscar a seguir as vozes que o chamam de lugares distantes. Experimente a vida de viajante, mesmo que por um curto espaço de tempo. A lembrança será inesquecível e reconfortante.

A magia das viagens é que você deixa sua casa seguro do seu próprio conhecimento e da sua identidade, mas, à medida que viaja, o mundo intervém com toda a sua riqueza. Você conhece pessoas e vê cenas que jamais imaginaria. O seu próprio mundo – tão amplo que continha toda a sua vida – encolhe até se tornar um pequeno ponto no tempo e no espaço. Você volta para casa uma pessoa diferente.

NÃO É NECESSÁRIO ESCOLHER UM LUGAR exótico ou distante. Você pode visitar um parque a 200km de onde você mora. O que conta é abrir mão do conforto do que é familiar e ficar receptivo a um mundo totalmente diferente do seu.

Muitas pessoas não gostam de ser viajantes. Preferem ser turistas e passar rapidamente pela vida dos outros, sem jamais abandonar a própria realidade. Elas tentam levar seu mundo aonde vão, para não correrem o risco de questionar seu conhecimento nem de enxergar como sua experiência pessoal é pequena e limitada.

Para ser um verdadeiro viajante, é necessário se entregar ao que está acontecendo e, ao mesmo tempo, abdicar de ser o centro do seu universo. Você precisa ter um real interesse pelos locais que visitar e por seus moradores. Torne-se parte do cotidiano dessas pessoas, aceite-as como elas são e não faça prejulgamentos. Isso permitirá que você descubra a beleza desses novos amigos e incorpore o mundo deles ao seu.

À medida que você segue em frente, fica mais maduro e percebe que a vida oferece possibilidades infinitas. Deixando de lado as diferenças de idioma e cultura, todo mundo partilha o mesmo sonho de amar e ser amado e de ter uma vida com mais alegrias que tristezas.

VIAJAR NÃO É UM PROGRAMA TÃO ROMÂNTICO e exótico quanto se imagina. O que é familiar sempre exercerá uma forte atração sobre você, pois a sensação de estar longe de sua terra natal é uma presença constante.

Talvez um dia você perceba que está usando suas viagens como uma válvula de escape para os problemas e as complicações de tentar criar algo sólido na vida.

Também pode chegar à conclusão de que foi apanhado na armadilha do "pé na estrada" e que se tornou escravo da insatisfação com qualquer estilo de vida que o obrigue a ficar no mesmo local.

De repente você não pertence mais a ninguém ou a lugar nenhum. Mas será que isso é pior do que deixar seus sonhos serem soterrados pela rotina? Ou perder o interesse em olhar além do horizonte?

Se não nos lançarmos ao desconhecido, nossos sentidos ficam entorpecidos, nosso mundo fica menor e nossa capacidade de nos surpreendermos diminui.

É como se nossos olhos não se elevassem mais em direção ao horizonte e deixássemos de ouvir os sons que nos rodeiam. Nossa experiência se embota e passamos os dias em uma rotina que é tão confortável quanto limitante. E, um dia, acordamos e descobrimos que trocamos nossos sonhos pela segurança do dia-a-dia.

VIAJAR, MESMO QUE MODESTAMENTE, deixará marcas em seu caráter. Você experimentará momentos emocionantes, em que o medo encontra a aventura, e a solidão, a alegria. E saberá o que significa ir adiante, quando sua vontade é retroceder.

Quando você se deparar com tragédias ou grandes mudanças, entenderá que existem milhões de maneiras de ser feliz. E que sua vida se transformará em algo novo e diferente – tão valioso quanto o que está deixando para trás.

Como viajei bastante, tenho a capacidade de ver outros universos nos olhos dos outros. Há partes de mim que não posso negar e outras que são as escolhas que fiz. Conheço a fartura da minha mesa e o calor da minha cama. Sei quanto a minha vida é puro acaso e como sou grato por ser quem eu sou.

Quando eu envelhecer e meu corpo começar a falhar, as lembranças estarão à minha espera. Elas me levarão por montanhas e mares, e as observarei enquanto são banhadas pelos raios de sol. Vou revivê-las na minha imaginação. Serei rico em todos os sentidos.

Quero que você também sinta essa paz de espírito.

Assuma os riscos de ser um viajante. No fim, você se tornará uma pessoa tão melhor, mais fortalecida e feliz, que todos os riscos e privações perdem a importância se comparados ao conhecimento e à sabedoria adquiridos.

Solitude e solidão

É SAUDÁVEL PASSAR ALGUM TEMPO SOZINHO. Não alguns minutos ou horas, mas dias e, caso tenha oportunidade, semanas.

A solidão é um grande investimento, porque é um campo de testes para o espírito. Rapidamente você descobre se está em paz ou se o sentido da sua vida se encontra apenas nas questões superficiais do cotidiano. Se for esse o caso, ficar sozinho vai aumentar sua sabedoria e sua força interior.

PODEMOS OCUPAR NOSSO TEMPO COM atividades. Há sempre muito a ser feito, algo que evite a monotonia que se preenche com a tagarelice das miudezas mentais.

Se não tivermos cuidado, começaremos a confundir essa agitação com algo significativo. Corremos o risco de transformar nossa vida em uma série interminável de tarefas e, ainda assim, ficar aflitos e com a sensação de trabalho inacabado.

A verdade é que sempre haverá pendências. As tarefas do cotidiano são infinitas. É melhor aceitar o ritmo da vida e saber que, em alguns momentos, você precisará parar para respirar, não importa a relevância ou a urgência do que estiver fazendo.

PARA MUITAS PESSOAS, SOLITUDE É APENAS uma palavra poética para definir o que é ser solitário. Mas estar só não é tão grave. Pode ser um campo fértil para a solidão, da mesma forma que uma fonte de solitude.

A solitude é um estado de paz que se opõe à solidão. A solidão é estar sentado em uma sala vazia e perceber o espaço à sua volta. É uma condição de separação. Já a solitude pressupõe tornar-se uno, harmônico, com o ambiente ao seu redor. É uma condição de comunhão.

A solidão parece nos fechar para o mundo, enquanto a solitude se expande em direção ao infinito. A solidão se baseia em uma conversa interna à qual ninguém responde. A solitude tem suas raízes no grande silêncio da eternidade.

A maioria das pessoas teme ficar sozinha porque entende apenas a solidão. Sua compreensão começa no "eu", e elas só se sentem à vontade quando atraem para si toda a atenção. A solitude tem a ver com retirar o "eu" do foco de nossos pensamentos, de forma que outras partes da vida possam ser sentidas em sua plenitude. Significa também abandonar o "eu" como centro da compreensão e se entregar ao fluxo do universo.

EMBORA POSSA PARECER ALGO MÍSTICO E abstrato, o universo tem uma vibração permanente que flui além do nosso nascimento e morte. É uma pulsação difícil de ser ouvida em meio ao ruído das nossas vidas, mas é a unidade que nos transcende e, na medida do possível, nos reconcilia com a realidade e com a inevitabilidade da nossa morte.

Essa vibração nos incorpora a algo maior. É somente na solitude que nos tornamos parte desse som eterno.

A natureza é a fonte mais clara desse sentimento. Sua grandeza pode subjugar os ruídos insignificantes pelos quais medimos a maior parte dos nossos dias.

Se você tiver sabedoria e coragem para se entregar, sozinho, à natureza, os ritmos mais amplos e a vibração permanente se apresentarão mais rapidamente. Uma vez alcançada essa consciência, ela estará sempre à sua disposição. A paz exterior se tornará a paz interior e você será capaz de resgatá-la em seu coração, onde quer que esteja.

PARA A MAIORIA DAS PESSOAS, A BUSCA implica passar da pressa à quietude e, em seguida, ao silêncio e, finalmente, à paz. O esforço vale a pena. Aos poucos, quando alcançamos a calma da solitude, nos transportamos para um lugar além dos pensamentos – um local em que escutamos cada som e cada batimento cardíaco, em que percebemos cada mudança dos raios de sol na Terra e em que temos consciência da presença da vida.

Diante dessa consciência, o mundo inteiro muda. Uma árvore deixa de ser um objeto para se tornar um ser vivo. Podemos ouvir seus sussurros, sentir o seu ritmo enquanto ela dança com o vento.

Na solitude, o silêncio vira uma sinfonia. O tempo passa de uma série de momentos encadeados a um movimento contínuo que segue o ritmo das estrelas. A solidão desaparece e a solitude floresce, nos unindo com o pulsar da vida e com o fluxo do tempo.

A CONSCIÊNCIA QUE A SOLITUDE PROPORCIONA não tem preço diante da paz que ela nos oferece. Ela é o segredo para que alcancemos o verdadeiro amor em nossos relacionamentos.

Quando uma parte de nós é firme, confiante e solitária, não precisamos do outro para sentir a plenitude. Oferecemos às pessoas que amamos nossa generosidade e auto-estima. Não tentamos invadir cada recanto de suas vidas nem preencher nosso vazio interior com a presença delas.

Observe o mundo ao seu redor. A montanha não está inquieta em sua solitude. O falcão que voa em círculos não almeja a comunhão com o sol. Ambos existem em perfeita sintonia, e essa paz é encontrada apenas na solitude.

Encontre essa paz em si mesmo e você jamais experimentará novamente a solidão em sua vida.

AMOR

Ninguém sabe ao certo como, quando e por que nos apaixonamos. É um mistério. Também se desconhece por que alguns amores florescem e outros fracassam. O que podemos fazer é tentar analisar as razões e as causas, mas nunca conseguiremos respostas definitivas.

O amor é mais do que a soma dos interesses, atrações e pontos em comum entre duas pessoas. Assim como a vida, ele tem o seu próprio tempo e não pode ser questionado.

Quando as pessoas se apaixonam, tentam prolongar o amor a qualquer custo. Recusam-se a entender que se trata de um presente oferecido espontaneamente e que, assim como veio, pode ir embora. É preciso aceitar o desamor com naturalidade para evitar o sofrimento desnecessário.

As pessoas buscam respostas que não existem. Querem saber o que há de errado com elas, ou então tentam fazer seu companheiro mudar, achando que, se algum pequeno detalhe fosse diferente, o amor renasceria.

Elas culpam as circunstâncias, se culpam e fazem de tudo para encontrar um sentido para o que aconteceu, mas não há sentido além do amor propriamente dito.

Não adianta tentar recuperar o amor perdido imaginando que as coisas podiam ser diferentes se você descobrisse o que fez de errado e fizesse tudo novamente, de outra forma. São insondáveis as razões do amor.

TRATE OS ASSUNTOS DO CORAÇÃO COM delicadeza. Se você se apaixonar por alguém e não for correspondido, seja gentil consigo mesmo. Não há nada errado com você. O amor simplesmente escolheu deixar o outro coração.

Se, por outro lado, alguém se apaixonar por você sem que você sinta o mesmo, sinta-se honrado, mas recuse delicadamente o presente que não pode retribuir. Não tire vantagem nem cause sofrimento.

A maneira como você lida com o amor é a maneira como o amor lidará com você – afinal, todo mundo sente as mesmas angústias e alegrias, ainda que nossas vidas e caminhos sejam muito diferentes.

Se a paixão for recíproca e o amor desaparecer depois de um tempo, não tente recuperá-lo ou saber de quem é a culpa. Deixe-o ir embora. Há uma razão e um sentido para as coisas acontecerem, mas você só compreenderá isso no momento oportuno. E é o tempo que escolhe o momento da revelação.

A VERDADE É QUE VOCÊ NÃO ESCOLHE AMAR, o amor escolhe você. Ele tem seu próprio ritmo, seu tempo e suas razões para ir e vir. Você não pode suborná-lo, coagi-lo ou convencê-lo a ficar. Se ele decidir ir embora, nada poderá ou deverá ser feito.

Por isso, aceite todos os seus mistérios quando ele entrar na sua vida. Sinta seu transbordamento e devolva esse amor da melhor maneira que puder à pessoa que o enviou. Dê amor também a todos ao seu redor, até mesmo aos pobres de espírito.

Alegre-se pelo fato de o amor ter decidido passar algum tempo na sua vida. E trate de deixar o coração disponível e receptivo para que ele possa voltar.

Casamento

Às vezes parece mais fácil entender o casamento do ponto de vista do que ele tira da nossa vida do que das possibilidades que traz. Quando eu era mais jovem, esse medo me imobilizava. Eu não queria cometer erros.

Eu via meus amigos se casando em busca de status, por causa da paixão sexual ou apenas por acharem que era a coisa lógica a fazer. Depois eu percebia como eles se tornavam amargos e mesquinhos em seus relacionamentos. No melhor dos casos, o casal entrava em uma fase de tolerância mútua.

Essas cenas me faziam imaginar uma vida de brigas e infelicidade, e eu não conseguia me ver em tal situação.

Em raras ocasiões encontrei alguns casais mais velhos que pareciam brilhar na presença um do outro. Eles davam a sensação de ser de fato apaixonados, não apenas dependentes e tolerantes com suas fraquezas.

Essa era uma visão surpreendente e aparentemente impossível. Como conseguiam sobreviver a tantos anos de monotonia, de irritação um com o outro? O que mantinha o amor deles vivo, quando as pessoas, de modo geral, parecem incapazes de ficar juntas, quanto mais de continuar se amando?

O SEGREDO PARECE ESTAR NA ESCOLHA bem-feita – a famosa compatibilidade de gênios. Pessoas boas podem se envolver em um relacionamento infeliz, mesmo quando desejam ardentemente que tudo dê certo. É importante achar um parceiro ou parceira com quem se possa construir uma boa relação desde o início.

Infelizmente, é difícil enxergar com clareza no começo de um relacionamento. A atração sexual nos deixa cegos diante dos pequenos detalhes que fazem com que a relação dê certo ou fracasse. É necessário encontrar uma forma de ver além da química sexual.

Algumas pessoas decidem explorar os limites da atração física para ver o que existe do outro lado. Pode dar certo, mas também pode deixar uma trilha de corações partidos. Há quem prefira renegar o aspecto sexual na tentativa de conhecer o outro, mas isso, em geral, não funciona. É difícil enxergar com clareza quando a repressão do desejo sexual é tão esmagadora que impede a percepção do que seria a vida em comum.

Os parceiros realmente felizes, em geral, se tornam grandes amigos antes de descobrirem que se sentem atraídos mutuamente. Eles têm a chance de conhecer o riso, as paixões, as tristezas e os medos do outro, assim como seus pontos fortes e fracos, antes de passar à intimidade da vida sexual.

O RISO É UMA FORTE INDICAÇÃO DE compatibilidade, pois revela o nível de prazer que desfrutamos na companhia do outro. Se a risada for saudável e agradável, o relacionamento tem tudo para dar certo.

Se um casal consegue se divertir e rir junto, também é capaz de surpreender um ao outro. E, fazendo isso, renova o mundo ao seu redor.

Tenha cuidado quando a seriedade dá o tom e não há momentos de alegria e descontração – a tendência é que a relação se torne inflexível. Com o tempo, compartilhar uma visão de mundo muito séria pode tornar vocês dois críticos demais em relação aos outros, principalmente se eles não pensarem do mesmo modo.

O IDEAL É BUSCAR UM PARCEIRO QUE TENHA um jeito de lidar com o mundo que você admira. No início dos relacionamentos, a paixão é tão poderosa que funciona como uma barreira contra o mundo exterior. As pessoas tendem a achar que o que estão vivendo diz respeito somente a elas.

À medida que o relacionamento cresce e amadurece, o casal se abre novamente para o mundo. Então, se seu parceiro trata as pessoas ou circunstâncias de maneira inaceitável, isso inevitavelmente vai deixar você infeliz. Se você não admira a forma como o outro lida com o mundo, vai acabar deixando de respeitá-lo.

Verifique também como seu companheiro lida com os mistérios da vida. Se um se sente atraído pela poesia e por tudo aquilo que os olhos não vêem e o outro se interessa apenas pelo que é prático e literal, os dois devem cuidar para que essa diferença não se aprofunde a ponto de se sentirem isolados e incompreendidos.

A ESCOLHA DO PARCEIRO PRECISA SER adequada e cuidadosa. Só assim o verdadeiro milagre do casamento poderá acontecer. Milagre é uma palavra poderosa que eu procuro usar com cautela – no caso, para definir o milagre da transformação que é o casamento.

A transformação, por sinal, é um dos eventos mais comuns da natureza. A semente torna-se flor. A lagarta torna-se borboleta. O inverno torna-se primavera. E o amor torna-se criança.

O casamento é uma transformação que escolhemos fazer. O nosso amor é plantado como uma semente e, aos poucos, começa a germinar. Não sabemos o tipo de flor que surgirá, mas temos a noção de que, se escolhermos com cuidado e sabedoria, teremos uma bela florada. Se fizermos a escolha errada, ou se formos desleixados, o botão não irá desabrochar em todo o seu esplendor.

SE VOCÊ ACREDITAR, DO FUNDO DO CORAÇÃO, que encontrou alguém para crescer junto; se acreditar que resistirá à eterna atração da estrada desconhecida e se tiver forças para aceitar os ciclos do amor, talvez esteja pronto para experimentar o milagre oferecido pelo casamento.

Se não for o caso, é melhor esperar. O encanto natural de um casamento bem-sucedido faz com que a paciência valha a pena.

Ser pai ou mãe

POUCAS COISAS SÃO PERFEITAS NA VIDA. Procuramos o amante perfeito, a casa perfeita, o trabalho perfeito, mas há sempre a armadilha do desconhecido, a sombra da escolha que não foi feita.

Existe apenas uma situação em que a perfeição amorosa nos é dada em toda a sua plenitude – ser pai ou mãe. Quando olhamos com afeição para um filho, não há limites ou reservas. É o amor em sua plenitude.

Nada mais natural. A criança nutre um amor perfeito pelos pais e se sente totalmente dependente deles, atraindo um amor igualmente perfeito. Em sua inocência, ela abre espaço para a pureza que há em cada um de nós. E isso pode não ser compreendido por aqueles que nunca olharam nos olhos de um bebê cuja sobrevivência está em suas mãos.

Além da pureza de coração, a criança oferece a dádiva da compreensão. Quando você se torna pai ou mãe, o mundo se reinventa inteiramente diante de seus olhos. A natureza se alinha. Você passa a entender e honrar seus pais pelo amor que eles lhe deram e pelo trabalho que tiveram.

Você passa a enxergar suas imperfeições em alto-relevo porque sabe quanto quer acertar e como é difícil saber o que deve fazer. Você sente a unidade das gerações jorrando uma após outra desde o início dos tempos. Também sente que existe algo no mundo que é mais importante do que você.

Sua vida ganha equilíbrio, pois suas forças, assim como suas fraquezas, são reveladas. Você sabe em que acredita e quais são os valores que deve passar adiante.

SE TIVER A CHANCE DE SE TORNAR PAI OU MÃE, considere a possibilidade com um misto de respeito e mistério. Afinal, é a sua oportunidade de assistir ao nascimento de uma nova vida e de ajudar outro ser humano a mergulhar nas riquezas e nos segredos da vida. Durante um breve momento, a argila de que é feito o mundo é colocada em suas mãos. Não assuma levianamente essa responsabilidade.

Esteja preparado para oferecer três coisas ao seu filho: uma família – qualquer que seja o sentido que você dê a essa palavra –, uma história e uma comunidade. Não se esqueça de que a criança aprende a partir desse contexto.

É sua obrigação oferecer um propósito moral, além de uma visão saudável do mundo exterior. Acima de tudo, esteja disponível, tenha tempo para seu filho. Sua presença é uma forma silenciosa de educar a criança.

Você nunca saberá quando seu filho escolherá ir embora, se não fisicamente, pelo menos mental e espiritualmente, abandonando a vida que você tinha imaginado para ele. E, quando isso acontecer, os momentos de dedicação serão a única testemunha real da sua influência. E será você que passará a buscar o privilégio de desfrutar algum tempo com ele.

APROXIME-SE DA PATERNIDADE COM prudência. Não a encare como uma perda de autonomia; a relação de dependência com o filho traz uma liberdade que você jamais imaginou ter. Tampouco considere o fato de ser pai ou mãe como uma maneira de preencher o vazio da sua vida. Um filho funcionará como um espelho da sua vida – e seu vazio interior se refletirá, de formas inimagináveis, sobre a criança.

Mais que tudo, a paternidade exige integridade. É colocar toda a sua vida – com suas capacidades, crenças, fraquezas e forças – à disposição da criança, cuja essência é formada a cada momento em sua presença. Se você se sente à vontade agindo assim, isso significa que está pronto para assumir essa responsabilidade com confiança e alegria. Do contrário, é melhor esperar.

UMA CRIANÇA – SEJA ELA SEU FILHO OU NÃO, seja ela saudável ou não, seja ela bela ou não – é um dos maiores milagres da vida. Ela abre seu mundo para uma nova luz e é um presente maior do que um sonho.

Certifique-se de estar pronto para receber e honrar esse presente antes de lhe dar vida.

Força

CADA UM DE NÓS TEM UM TIPO DIFERENTE DE força. Alguns são capazes de perseverar ao enfrentar situações desesperadoras. Outros conseguem enxergar luz em um mundo cheio de trevas. Há quem compartilhe sem pensar em retorno, enquanto outros aumentam a auto-estima das pessoas ao seu redor.

Qualquer que seja a forma de demonstrar sua força, a verdadeira medida está na convicção calma e firme que o move, na sua capacidade de identificar o caminho com o coração e segui-lo, mesmo quando deseja fazer algo diferente.

A VERDADEIRA FORÇA NÃO DIZ RESPEITO À imposição, mas à convicção. Ela vive imersa na fé, onde o medo e a incerteza não conseguem penetrar. O seu oposto não é a covardia, e sim a confusão, a falta de clareza e de intenção real.

A força não necessita de adversários nem se considera nobre ou heróica. Ela simplesmente faz o que deve ser feito, sem louvor ou necessidade de reconhecimento.

Uma pessoa que consegue ficar em casa e cuidar de um parente doente é tão forte quanto um alpinista que escala uma montanha. Do mesmo modo, aquele que defende um princípio é tão poderoso quanto aquele que derrota um exército. Essas são simplesmente formas mais tranqüilas e menos dramáticas de força.

A verdadeira força não exalta a fraqueza alheia – na verdade, deixa os outros mais fortes. Se a força de alguém faz com que as pessoas se sintam fracas, trata-se apenas de uma demonstração de dominação.

ENCONTRE SUA VERDADEIRA FORÇA. Acalente-a. Desenvolva-a. Divida-a com as pessoas ao seu redor. Faça com que ela se torne uma luz para quem vive na escuridão.

E lembre-se: a força baseada na opressão é sempre temida; já a força baseada no amor é desejada por todos.

Tragédia e sofrimento

A TRAGÉDIA E O SOFRIMENTO SÃO INEVITÁVEIS. Obedecem ao seu próprio ritmo e não é possível evitá-los nem se proteger deles. Um dia nos atingirão, provocando uma sensação de opressão e paralisação.

Quando tudo está bem, vivemos em um mundo de experiências controladas, limitado por nossos rituais e atividades cotidianos. No momento em que as desgraças desabam sobre nossas cabeças, as frágeis fronteiras desmoronam e nosso mundo se quebra em pedaços.

Parece que, por um tempo, vivemos dentro de um grito de onde parece não haver saída, apenas ecos. Os pequenos cuidados que pareciam tão importantes ontem não valem nada hoje, e nossas preocupações diárias agora parecem triviais e irrelevantes.

Quando, finalmente, nós recuperamos, percebemos como estamos mudados. Passamos a enxergar o que realmente importa e temos a responsabilidade de aplicá-lo no dia-a-dia. É a nossa chance de ver a vida com outros olhos.

A MANEIRA COMO VOCÊ REAGE À TRAGÉDIA E ao sofrimento indica a medida da sua força. Encare essa experiência como uma oportunidade de crescimento. É necessário olhar para esses infortúnios como presentes que o ajudarão a recuperar o que é, de fato, importante na sua vida.

Todos nós temos uma incrível capacidade de recuperação. Nossa tendência é caminhar em direção à saúde, não à doença. O espírito, assim como o seu organismo, busca a cura.

Você não deve se perguntar se vai ficar bom, mas como vai fazer isso. A dor e a aflição têm um ciclo de vida, e quando elas começam a passar é preciso acompanhar a formação da nova pessoa em que você está se transformando.

Por isso, não tema a tragédia e o sofrimento. Do mesmo modo que o amor, eles são elementos humanizadores. Deles pode vir sua capacidade criativa. Eles são o fogo que purifica.

Jornada espiritual

Todos nós nascemos acreditando em Deus. Talvez Ele não tenha nome ou rosto, pode ser que nem O vejamos como Deus, mas Ele está lá.

É a sensação que nos arrebata quando olhamos para o céu estrelado ou quando vemos o pôr-do-sol. É o calafrio que nos acorda pela manhã quando sentimos o cheiro de algo que conhecemos e amamos mas não conseguimos nos lembrar direito de onde. É o mistério que existe por trás do início dos tempos e além dos limites do espaço. É o senso de estranheza que traz à tona o que existe no fundo dos nossos corações.

ALGUMAS PESSOAS DIRÃO QUE DEUS NÃO existe, que não passa de uma muleta para quem não consegue enfrentar a realidade, um conto de fadas para quem precisa de mitos em sua vida.

Essas pessoas de pouca fé oferecerão argumentos racionais sobre a origem do universo, bem como explicações científicas sobre a perfeição da natureza. Elas apontarão o mal e a injustiça que existem no mundo e darão exemplos de como as religiões são usadas como instrumento para desencadear guerras ou prejudicar quem professa outras crenças.

Não é possível argumentar com elas – nem perca seu tempo. Como diz o filósofo chinês Chuang Tzu: “Para um sapo que vive num poço não se pode falar do mar.”

Se você tiver a mínima noção do mistério do universo que o circunda, ouvirá o murmúrio do mar. Então saia do poço e caminhe nessa direção. Deixe o debate para quem deseja discutir o tamanho e a forma da parede que o enclausura.

SE VOCÊ OUVIR O CHAMADO DISTANTE DAS ondas, não se deixe levar pelas ingenuidades e contradições das crenças que regem o mundo ao seu redor. Existem muitos caminhos, e o mar pode parecer diferente, dependendo do ponto de onde se olha. Seu papel não é julgar a trilha que os outros escolheram, e sim encontrar a que o levará para mais perto dos murmúrios que ouve em seu coração.

O primeiro passo é admitir onde você está.

Todos nós temos dons especiais de personalidade. Uns são abençoados com a compaixão, outros com o riso e com o poder da autodisciplina. Há também quem se sinta pleno com a beleza das pessoas e com a harmonia da natureza. Alguns ainda têm uma fina percepção das injustiças da vida.

Você precisa encontrar sua dádiva – e a fonte de sua crença – e descobrir uma forma de cultivá-la.

SE VOCÊ DEPARAR COM ALGUMA TRADIÇÃO que parece dar voz à música do seu espírito, não hesite em segui-la. As tradições religiosas existem porque traduzem as verdades espirituais compartilhadas por muitas pessoas.

Caso você encontre uma religião que cative seu espírito, dedique-se a ela de todo o coração. Leia seus textos. Participe de seus rituais. No entanto, se você achar que sua fé em Deus existe apenas na solitude do seu coração, não tenha medo de seguir esse caminho.

Busque a sabedoria dos místicos e dos visionários que cultivam hábitos do coração que permitem chegar mais próximo da experiência de Deus no dia-a-dia.

O CRESCIMENTO ESPIRITUAL É CULTIVADO E aperfeiçoado somente por meio da prática – seja de orações, meditações ou obras de caridade. A compreensão espiritual nunca se aprofunda, a não ser que você se submeta à disciplina da prática espiritual.

Haverá momentos em que você achará que está perdido ou cansado demais para seguir em frente ou terá outras prioridades. Eventualmente, começará a pensar que sua crença não passou de um entusiasmo momentâneo. Talvez se sinta tomado por uma crescente mesquinhez. Ou, quem sabe, não dê a mínima.

Quando isso acontecer, não seja muito duro com você mesmo. Sua vida é uma jornada espiritual, com direito a algumas terras áridas e outras ricas em possibilidades. Siga em frente. Mais alguns passos e você ouvirá novamente o chamado das grandes águas.

Acima de tudo, tenha fé no seu caminho. Siga-o como puder; mude-o se achar que deve. Mas não desista de procurar o mar. À medida que você for se aproximando dele, o murmúrio das ondas crescerá junto com a certeza de sua existência.

NÃO SE RECUSE A PROCURAR DEUS POR achar que não consegue encontrar a verdade universal. Vivemos num mundo plural e apenas quem é cabeça-dura se recusa a aceitar o fato de que a verdade – quer seja espiritual, cultural, política ou qualquer outra – é dada a diferentes pessoas de diferentes maneiras.

Encontre o caminho que brilha como um dia ensolarado, rico em aromas e promessas. Depois o siga. Só um insensato se recusa a andar debaixo do sol porque assim não pode ver a sua forma.

Velhice

SUA BONDADE SE REVELA NA MANEIRA COMO você trata as pessoas idosas.

Assim como as crianças, os velhos dão trabalho. Mas, ao contrário delas, eles não trazem esperança ou promessas. São um peso, um estorvo e um espelho da nossa própria mortalidade.

É necessário ser uma pessoa de grande coração para ir além do preconceito e enxergar a sabedoria que os idosos têm a nos oferecer e servi-los com gratidão pela vida que nos deram de presente.

SER GRATO AOS MAIS VELHOS NÃO É FÁCIL, pois nossa cultura nos leva a discriminá-los. Perdemos o contato com eles. Eles são uma presença triste e cinza, escondida atrás de expressões como "idosos", "cidadãos da terceira idade" ou "aposentados".

Os idosos são tolerados porque nos sentimos culpados. Mas a verdade é que tememos o fardo que representam e os consideramos insignificantes. Eles não são amados, honrados e procurados pela sabedoria que os anos lhes concederam.

MESMO QUE A VIDA DOS IDOSOS AO SEU redor tenha sido extremamente simples, comum e limitada, eles conheceram o mundo em que você nasceu. Nenhuma outra geração passada está tão próxima. Essa ligação deveria bastar para que você os prestigiasse e reverenciasse.

Além dessa conexão com o passado, eles oferecem um vislumbre do futuro. Afinal, eles são você amanhã. Da mesma forma que você carrega as sementes da velhice, eles ouvem os ecos da juventude sempre que estão ao seu lado.

Cada vez que se relaciona com eles você se torna mais sábio.

MAS, É CLARO, NEM TODA PESSOA DE IDADE avançada é agradável. Como as crianças, algumas só se preocupam com elas mesmas. Querem que levemos em consideração suas necessidades e seus sentimentos, mas não estão nem aí para como nos sentimos.

Ao conhecer idosos assim, não se deixe impressionar por seu comportamento desagradável. No fundo, eles são carentes, dependentes e temem ser relegados ao esquecimento. Encaram a incerteza da morte e, geralmente, sentem amargura em pensar que o mundo que ajudaram a criar esteja sendo descartado pelas novas gerações.

Como sabem que os jovens preferem se afastar deles, acabam se cercando quase que exclusivamente de pessoas da sua idade. Geralmente vivem de lembranças.

Vale a pena ir além desses comportamentos superficiais. Veja a pessoa, não as enfermidades e as idiossincrasias. Quando está cansado ou doente, ou cheio de raiva e dor, você também não é muito agradável. Para muitos idosos, essa situação é uma constante. Mas, por baixo das suas ações, há um nível de percepção que só a idade proporciona.

DEVEMOS EVITAR A ARMADILHA DE SENTIR pena dos mais velhos. Sob o pretexto de cuidar deles, muita gente age de forma paternalista e humilhante – fala alto com eles ou os trata como se fossem simplórios e interpreta a preocupação deles com os pequenos detalhes como uma volta à infância. Nas ações e na forma como se dirigem aos idosos, essas pessoas os privam do respeito que dizem demonstrar.

Tal comportamento é como um espelho que reflete apenas a saúde debilitada dos mais velhos, não sua natureza humana. O cuidado com respeito é o que cuida das fraquezas, mas só reflete a humanidade e os pontos fortes.

Quem trata com respeito ouve, brinca, ri e até desafia, sempre partindo do princípio de que as palavras e ações dos idosos devem ser levadas a sério.

Mesmo na doença, os cidadãos da terceira idade preservam e valorizam sua dignidade. Querem, acima de tudo, sentir que sua vida ainda é valorizada e que o mundo que eles construíram e o conhecimento que obtiveram não estão sendo deixados de lado.

AME OS IDOSOS. HONRE-OS. ABRA O SEU coração sem falsas reverências, obrigações infundadas ou sentimentos de piedade. Ouça o que eles têm a dizer. Observe-os como se fossem de um país distante que um dia você visitará e aprenda com eles as lições mais importantes.

Se puder honrá-los e respeitá-los, permitindo-lhes que dividam com você os frutos da sua experiência, ganhará um presente que jamais obterá de outra maneira – o conhecimento do seu passado e a sabedoria para entender o seu futuro.

Morte

A MORTE É O NOSSO MISTÉRIO COMUM. ASSIM como o nascimento e o amor, é o elo que nos conecta. E, ainda assim, ninguém pode ter certeza do que ela contém ou pressagia.

Temos vislumbres de quem teve morte clínica e retornou para nos contar o que viu, além de promessas de todas as religiões. Mas, no fim, todos nós enfrentamos sozinhos a morte, o que a torna uma odisséia pessoal.

HÁ MUITOS ANOS PRESENCIEI UM ECLIPSE total do Sol. Subi ao topo de uma montanha e me sentei para observar a Lua começando a encobrir o Sol. Pássaros cantavam, vacas e cavalos pastavam quando, de repente, a Terra se tornou estranhamente silenciosa. O vento parou de soprar, os pássaros silenciaram, as vacas ajoelharam-se e os cavalos abaixaram a cabeça. Logo, apenas a coroa fantasmagórica do Sol permaneceu, lançando uma frágil luz na terra escura e silenciosa.

Naquele momento aconteceu algo significativo: perdi o medo da morte. A luz do Sol havia desaparecido e o mundo que eu conhecia fora lançado em grande escuridão, porém não havia terror nem medo. O "eu" estava aniquilado, mas era uma destruição da individualidade.

Não consigo descrever o que senti naquele momento. Era muito distante do que é humano para que eu pudesse entender. Mas sei que tinha a ver com a morte e me proporcionou a maior sensação de paz que jamais conheci. Aceitei o que estava acontecendo como o suave acalento de um sono há muito necessário.

SE AQUELE MOMENTO NA MONTANHA CONTINHA algo de verdade – e acredito que sim –, não somos justos com a morte ao compará-la a nós. O que tememos é a perda do nosso "eu", e o "eu" conhece a eternidade como a sombra conhece o sol.

Portanto, se quiser, tenha medo de *morrer*, porque isso nos tira a única vida que conhecemos – o que é, sem dúvida, uma perda a ser lamentada. Mas não tenha medo da *morte*. Ela é grande demais para ser celebrada, grande demais para ser temida.

NOS BREVES MOMENTOS EM QUE PERMANECI no alto da montanha esperando a luz na Terra desaparecer, não senti indiferença nem uma sensação de perda. Ao contrário, experimentei uma indescritível percepção de conquista, uma fragmentação de todos os meus limites pessoais e sua transformação em um avassalador sentimento de paz. Era como se eu fizesse parte de uma grande harmonia.

Devemos compreender o ato de morrer como uma passagem em direção a essa harmonia. Talvez não possamos senti-la agora porque ela pode soar, neste momento, como um silêncio vasto e vazio. Mas vastidão não é vazio, e sim presença. Mesmo o silêncio tem um som.

Epílogo
Aceitando o mistério

Quando todas as palavras tiverem sido escritas e todas as frases tiverem sido ditas, o grande mistério da vida ainda perdurará. Podemos mapear a extensão da nossa vida, medir os limites do universo, mas nenhuma busca poderá revelar com certeza se somos filhos do acaso ou parte de um plano maior.

E quem gostaria que fosse de outra forma? Quem gostaria de acabar com o mistério de olhar nos olhos de um recém-nascido? Quem não se sentiria violando algo maior se, ao contemplar o rosto de alguém que acaba de morrer, soubesse o que de fato se perdeu? São esses acontecimentos que nos tornam humanos e que definem a distância que há entre nós e as estrelas.

Ainda assim, a vida não é fácil. Grande parte do seu segredo está envolto em trevas. Tragédias ocorrem, injustiças são cometidas, coisas desagradáveis acontecem com pessoas boas e até inocentes sofrem. Para viver, é necessário tirar a vida de outras espécies; para sobreviver, devemos deixar alguns dos nossos irmãos na beira da estrada. Somos prisioneiros do tempo, vítimas da biologia, reféns da nossa capacidade de sonhar.

Às vezes, isso parece demais; impossível de aceitar. Devemos nos rebelar. O mundo é um lugar grande e misterioso, com todas as possibilidades que o nosso coração pode conceber. Se optarmos pelas trevas, encontraremos a escuridão. Se direcionarmos o nosso coração para a luz, veremos a luz.

A vida é um sonho que renovamos diariamente. É nossa responsabilidade cultivar esse sonho da melhor maneira possível, assim como as maneiras e os hábitos do amor.

As pessoas de bom coração sempre souberam disso. Elas entenderam que, por mais honroso que seja encontrar falhas e tentar corrigi-las, uma vida bem vivida deve celebrar a promessa da vida.

A escuridão que existe nos limites do nosso conhecimento – a tristeza e a melancolia que por vezes parecem nos cercar – é apenas uma maneira de nos fazer querer ir além do que consideramos seguro. Isso faz da nossa vida um testemunho da esperança e da possibilidade, uma ânsia em direção ao que há de melhor e aos impulsos mais honestos e honrosos que nosso coração pode conceber.

Não é difícil. Cada um de nós tem a capacidade de amar. Mesmo se nossas vidas não tiverem ido pelo caminho que escolhemos, mesmo se não chegarmos perto do que desejamos nos nossos sonhos, fazemos parte da família dos seres humanos. Em algum ponto nos recantos mais inconseqüentes das nossas vidas há a oportunidade de amar.

Se sou cego, posso passar minha mão numa concha e louvar sua beleza. Se não tiver os membros inferiores, posso sentar em tranqüila admiração perante os murmúrios agitados do mar. Se meu espírito tiver sido ferido, posso estender a mão para aqueles que estão sofrendo. Se estiver solitário, posso ir até os que estiverem desesperados por amor.

Não há tragédia ou injustiça tão grande, ou vida tão pequena e inconseqüente, que nos impeça de servir de testemunha para a bondade nos atos mais tranqüilos e nos momentos secretos do nosso dia-a-dia.

E quem pode dizer qual desses atos ou momentos fará diferença? O universo oferece uma mágica camada de propósitos que se estende pelo tempo e pelo espaço, e não nos é permitido saber os seus segredos e caminhos. Talvez tenhamos sido colocados aqui para enfrentar o desafio de um único momento. Talvez nosso toque provoque uma mudança no mundo.

Quando chegarmos ao fim da nossa jornada, e então as questões que tanto nos preocuparam se afastarem de nós, serão os pequenos gestos – a criança a quem ajudamos, o jardim que plantamos, a refeição que preparamos quando estávamos tão cansados – que se tornarão nosso legado ao universo.

Se tivermos interpretado bem o nosso papel – oferecendo amor, força e afeição quando necessário, cuidando da Terra e das suas criaturas com humildade –, teremos feito o suficiente. Poderemos ir embora com tranqüilidade e descansar suavemente, sabendo que deixamos o mundo um pouco mais afetuoso, um pouco mais afável, um pouco mais rico em amor.

Embora nosso momento tenha sido breve e nosso papel pequeno, em algum lugar, na plenitude do tempo, nossos atos darão frutos e um pouco de bondade será distribuído em nossa memória.

É um pequeno legado, talvez, mas ainda assim uma herança. Em algum momento, entre o choro de um bebê e o brilho distante de uma estrela, vivenciamos o mistério. Foi um privilégio sentir sua presença e ter a chance de passá-lo adiante.

Agradecimentos

Um livro é a soma de tudo o que somos e não é justo limitar o número de pessoas que merecem nossos agradecimentos. Além de duas menções especiais – meu agente Joe Durepos, que não descansou enquanto não arrancou de mim este livro, e Marc Allen, editor e amigo de toda a vida, que sempre me incentivou a falar da visão mais ampla que está contida no meu coração –, quero agradecer à minha família.

Agradeço à minha esposa, Louise, cujo amor foi o meu porto seguro, e ao meu filho, Nick – sua presença é o testemunho de que a vida é uma bênção, uma honra e uma alegria.

Não posso esquecer as pessoas da New World Library e o meu círculo mais amplo de amigos e familiares, que impregnaram minha vida com amizade, desafios e amor.

Por fim, quero homenagear a minha terra natal, por me ensinar a amadurecer meus pensamentos e dar voz à minha visão. E às pessoas com quem convivo, por me lembrarem que uma voz honesta é uma voz humilde e que tanto a terra ao nosso redor quanto o céu que nos protege cantam a canção do espírito.

E a todos aqueles que não mencionei também dirijo os meus agradecimentos na esperança de que este livro seja aprovado por eles.

INFORMAÇÕES SOBRE OS PRÓXIMOS LANÇAMENTOS

Para receber informações sobre os lançamentos da Editora Sextante, basta cadastrar-se diretamente no site www.sextante.com.br

Para saber mais sobre nossos títulos e autores, e enviar seus comentários sobre este livro, visite o nosso site www.sextante.com.br ou mande um e-mail para atendimento@esextante.com.br

Editora Sextante
Rua Voluntários da Pátria, 45 / 1.404 – Botafogo
Rio de Janeiro – RJ – 22270-000 – Brasil
Telefone (21) 2286-9944 / Fax (21) 2286-9244
E-mail: atendimento@esextante.com.br